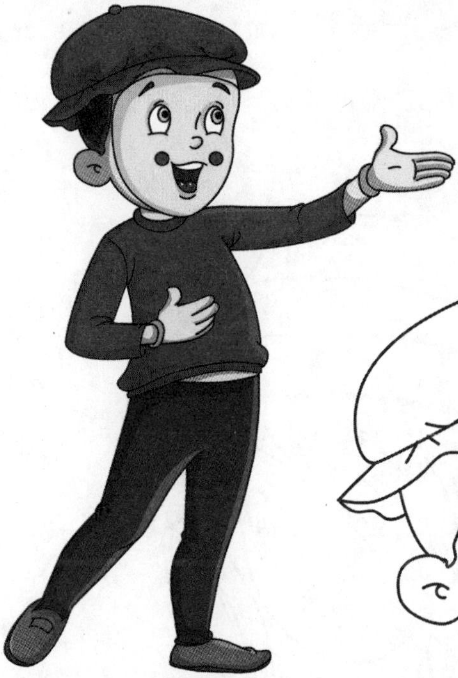

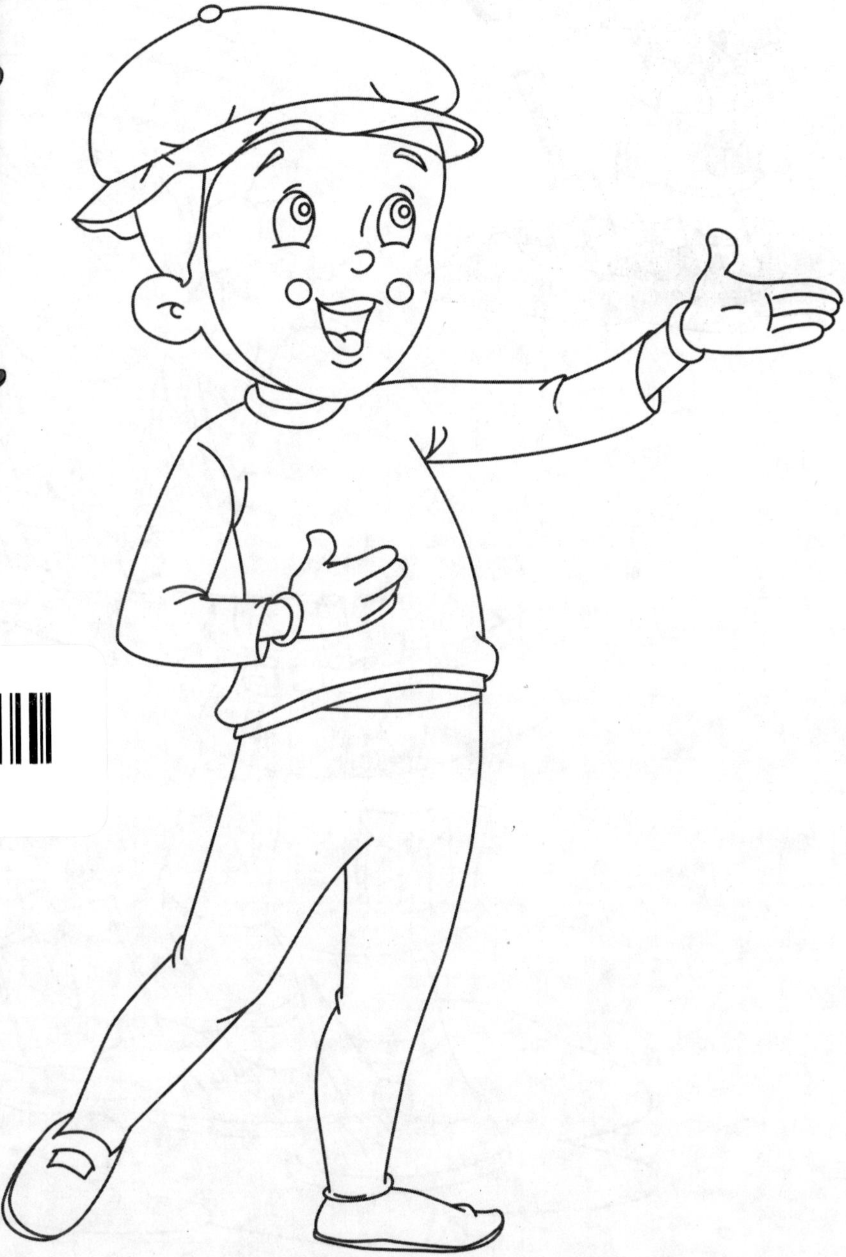

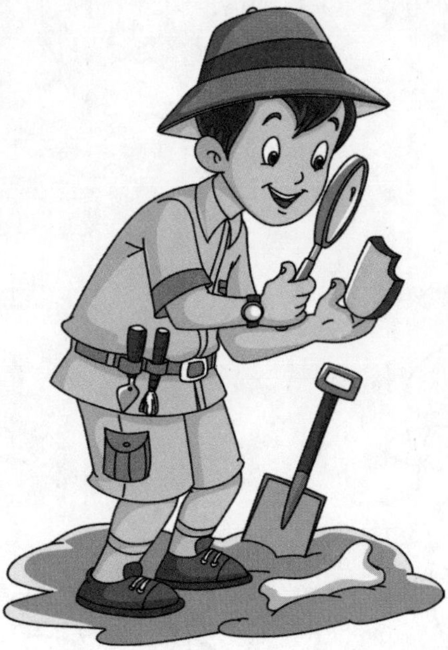

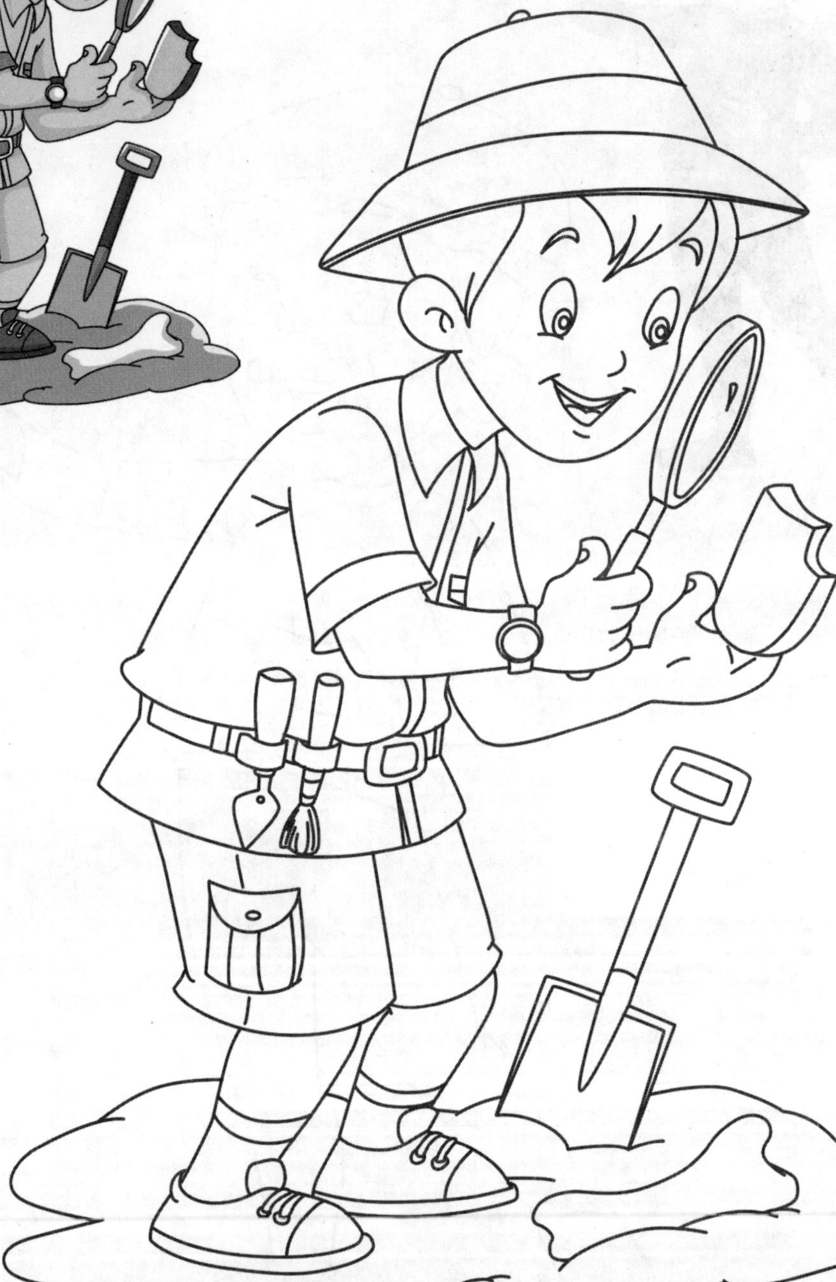

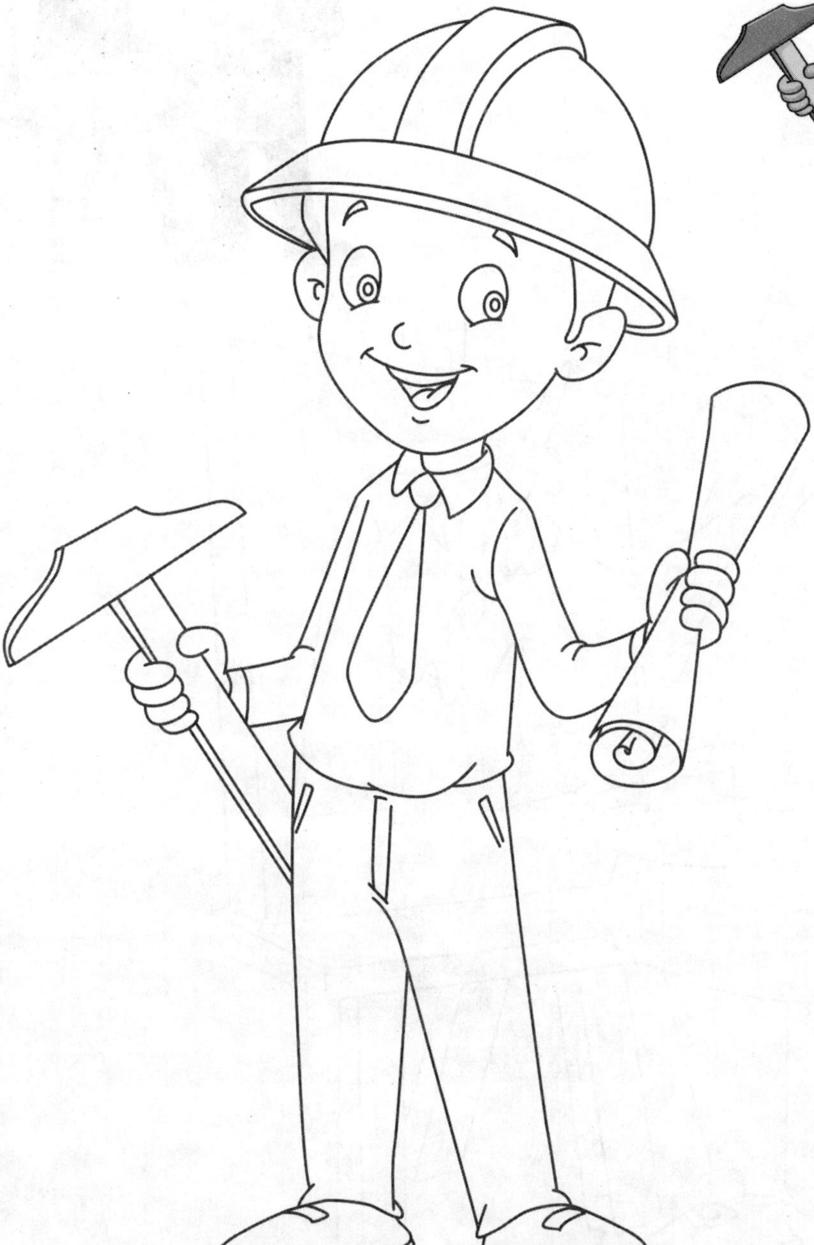
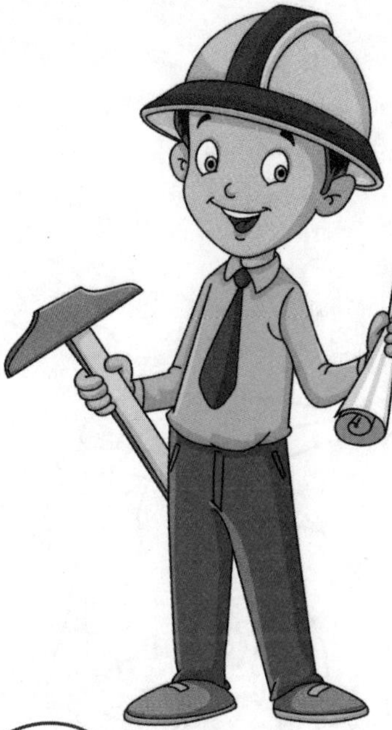

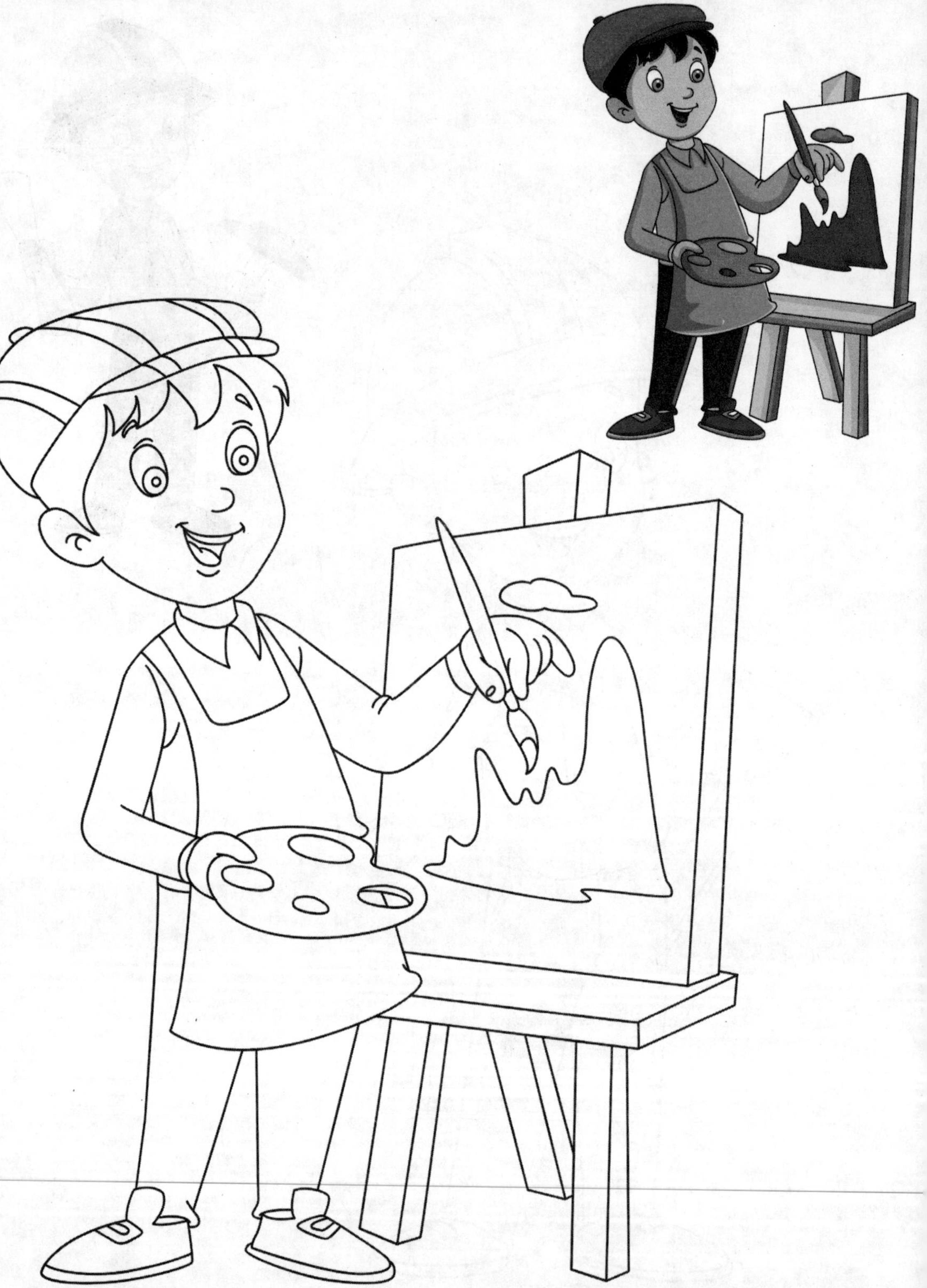

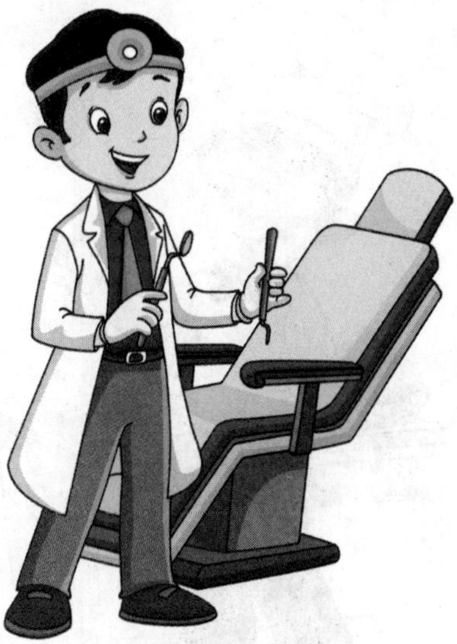

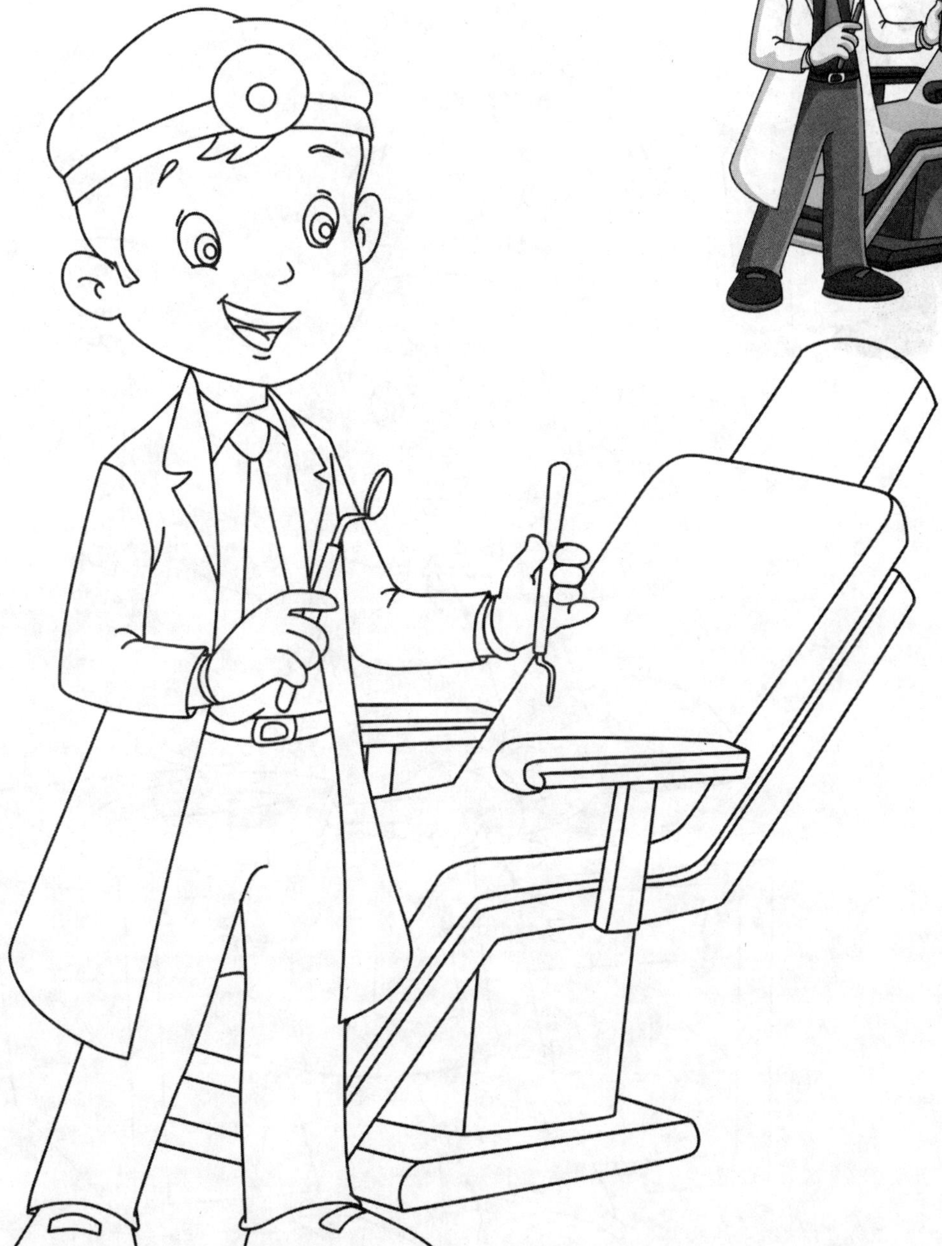

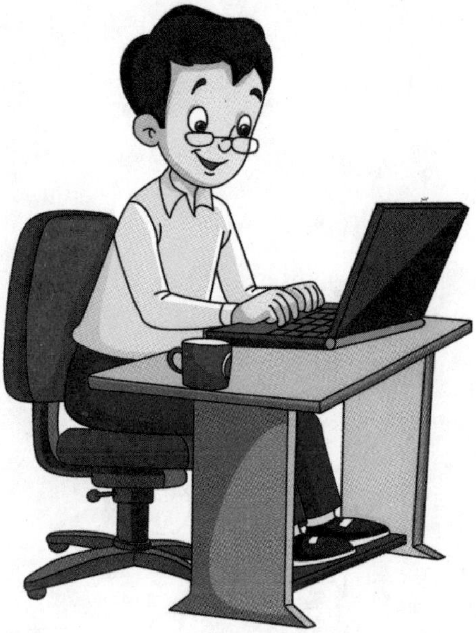

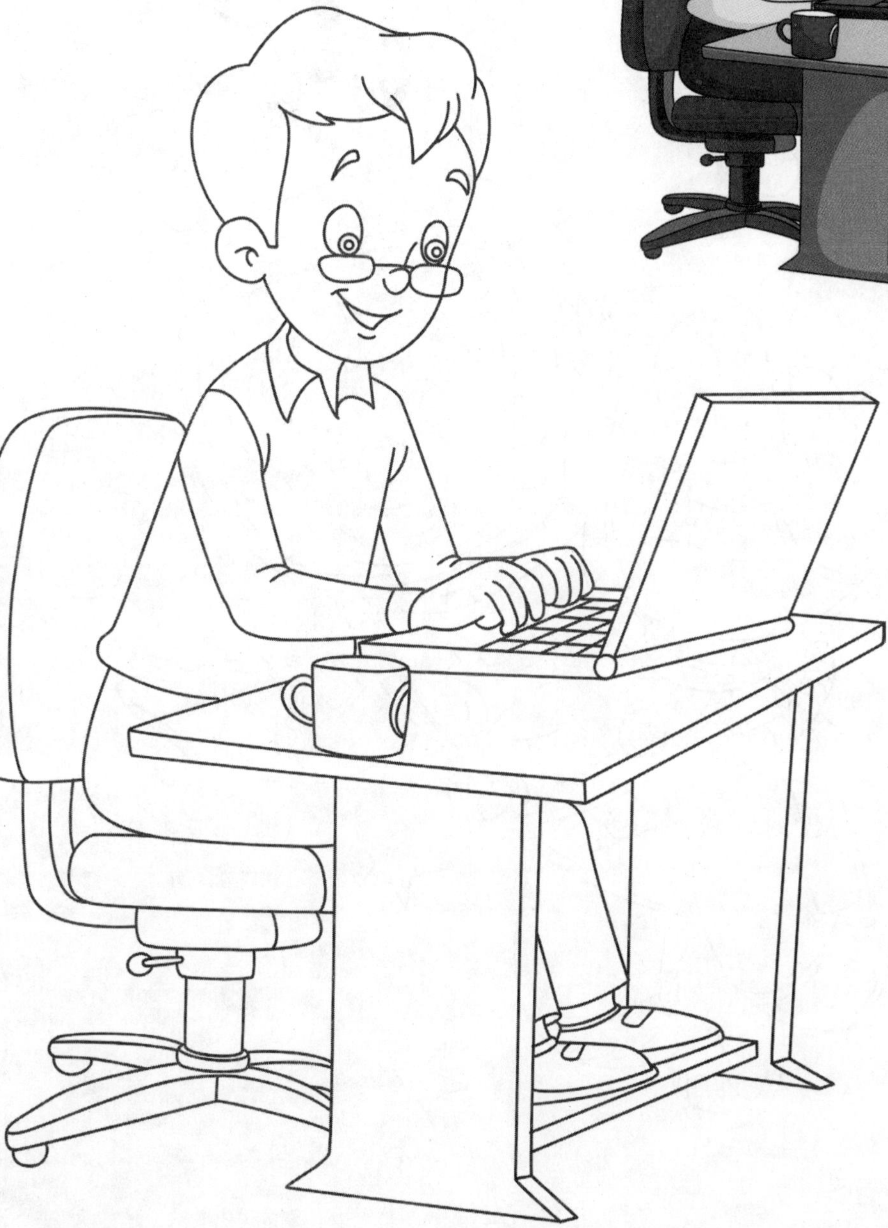

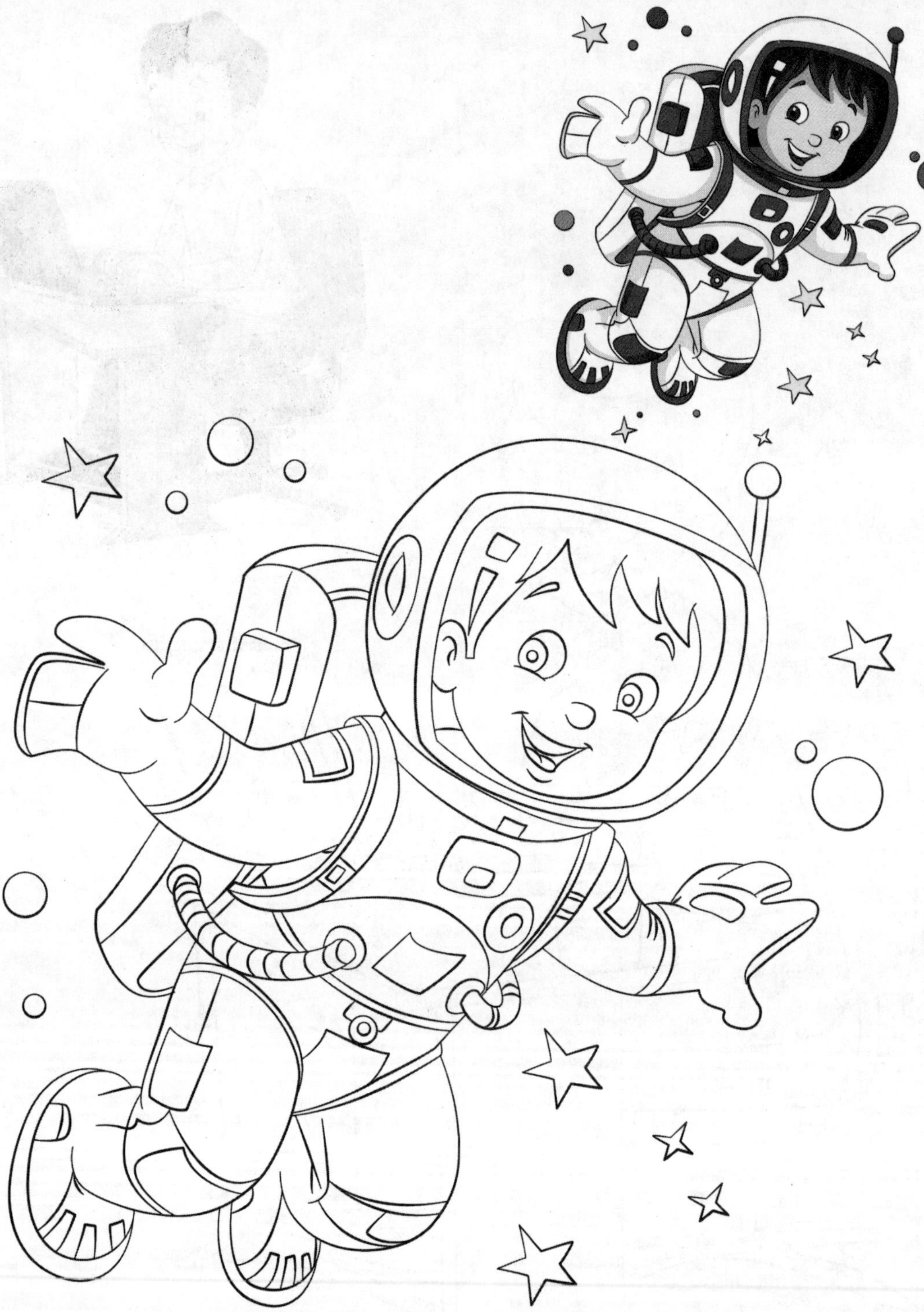

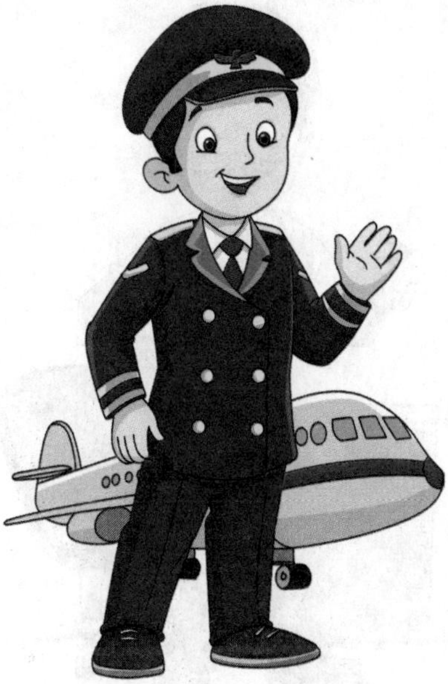

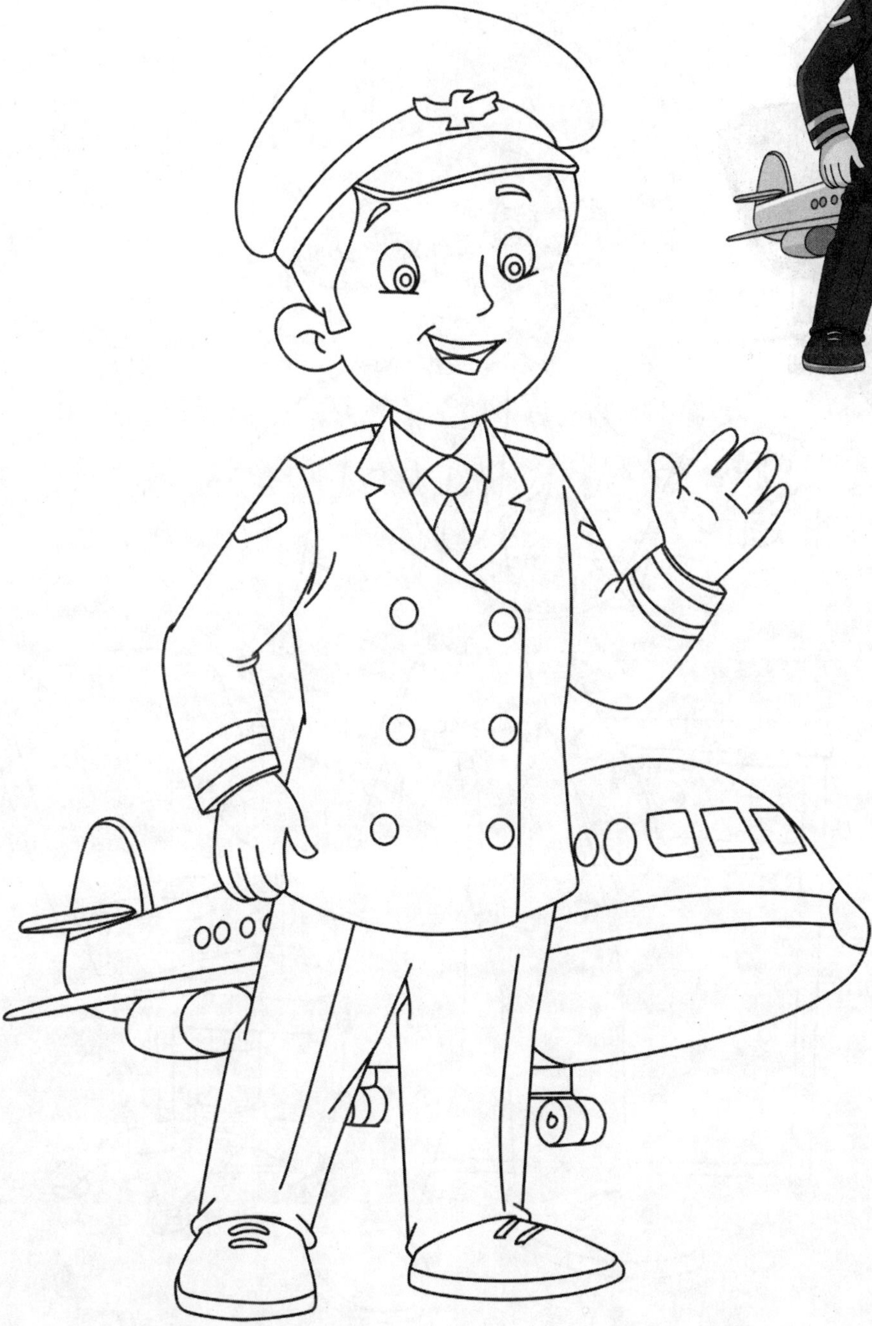

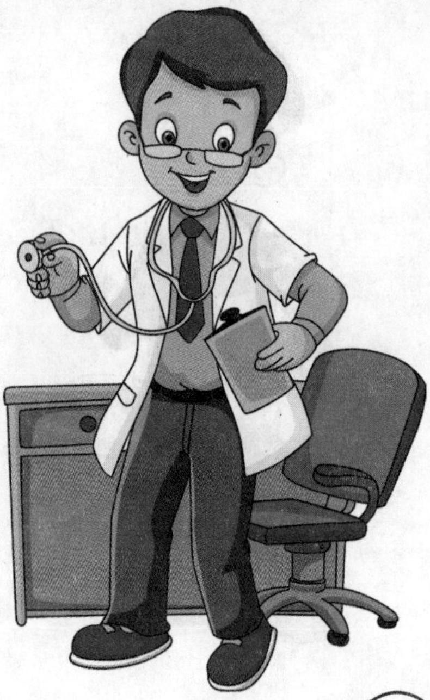

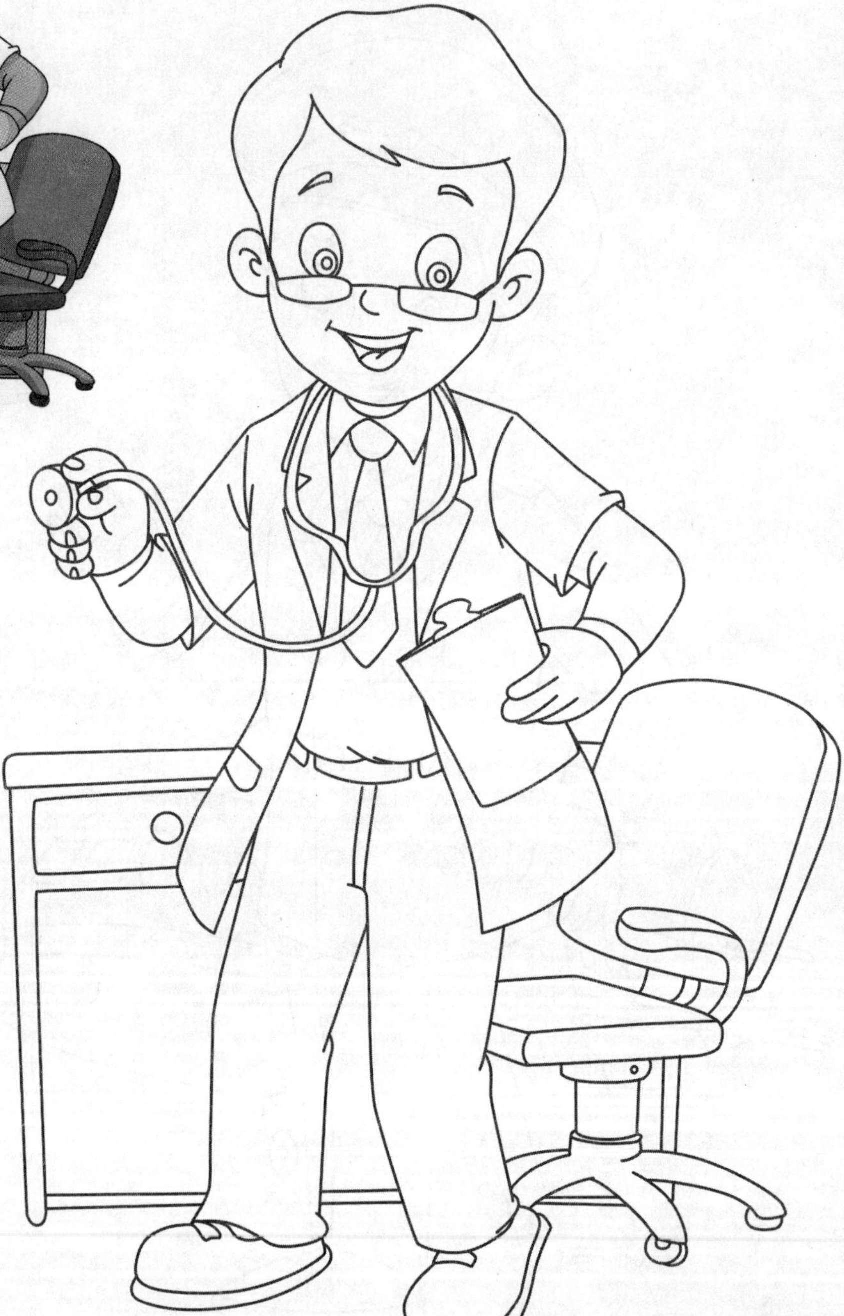

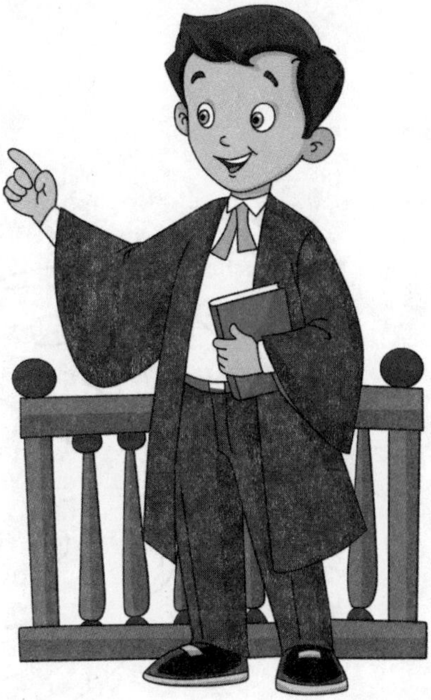

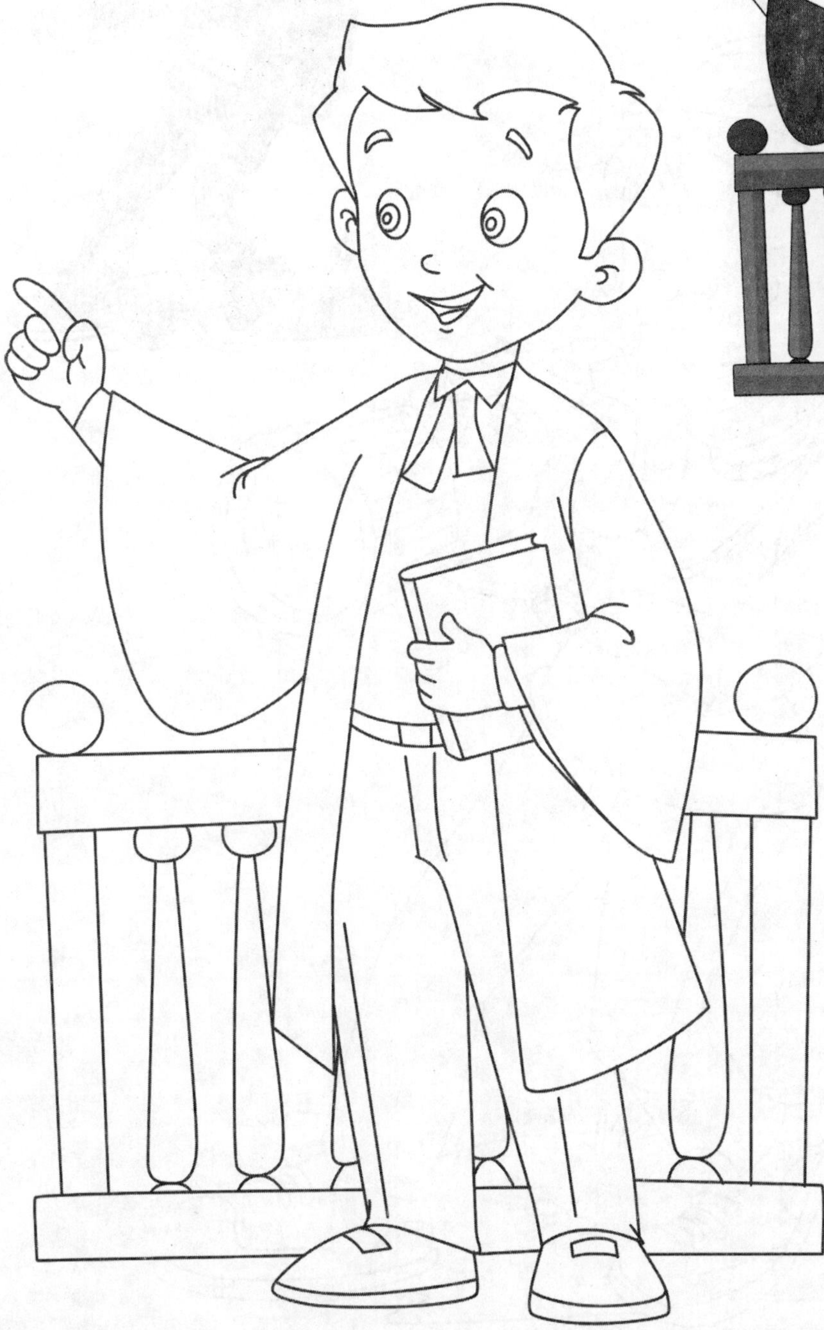

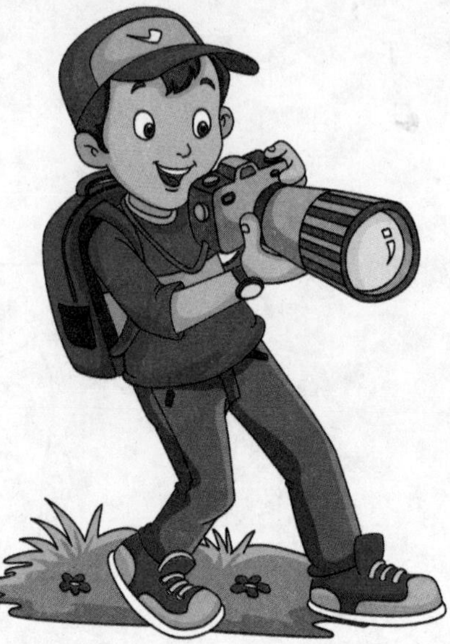

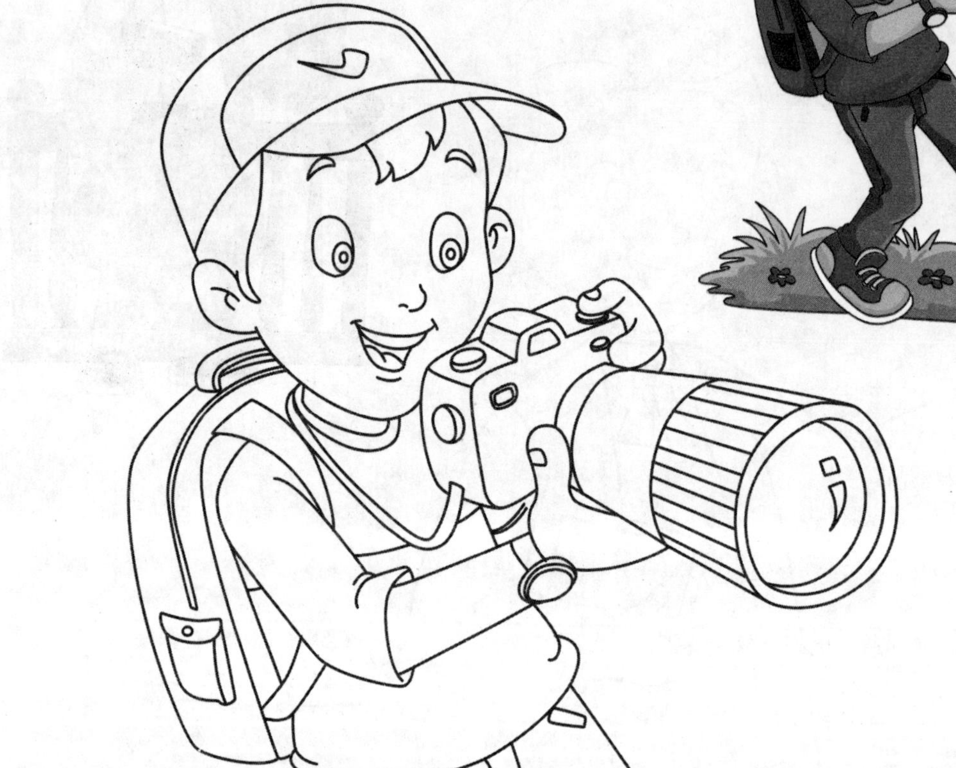

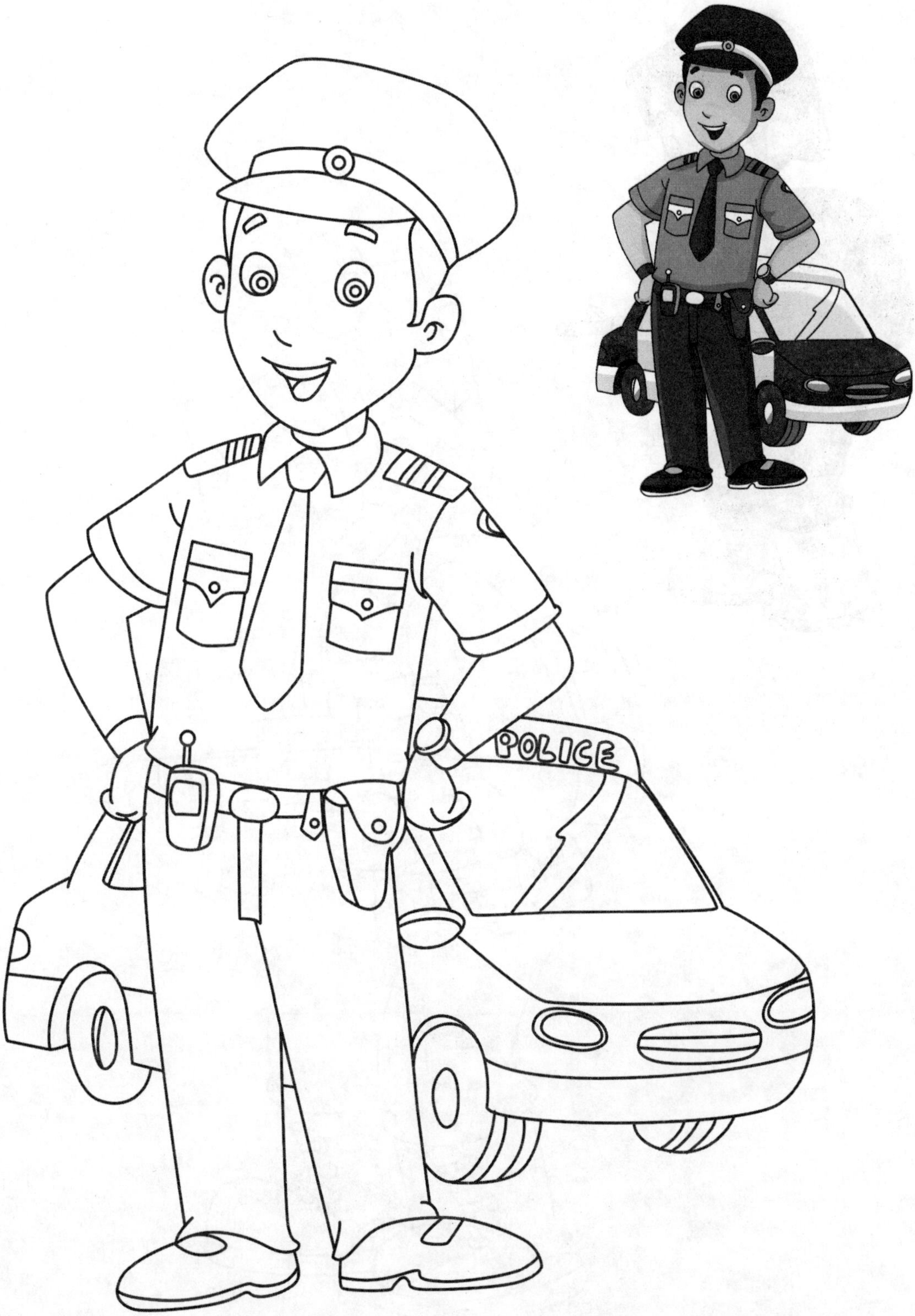
POLICE

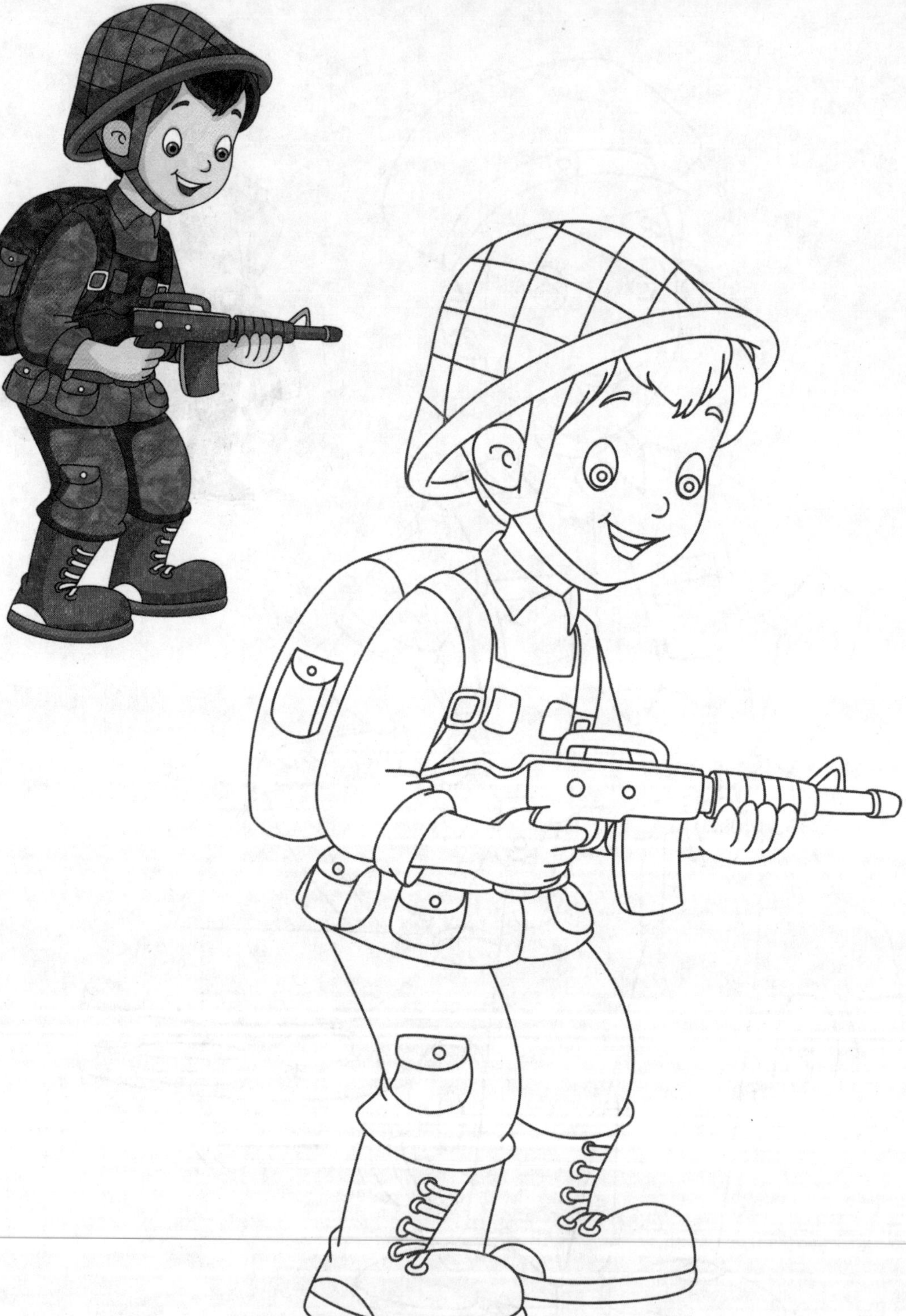

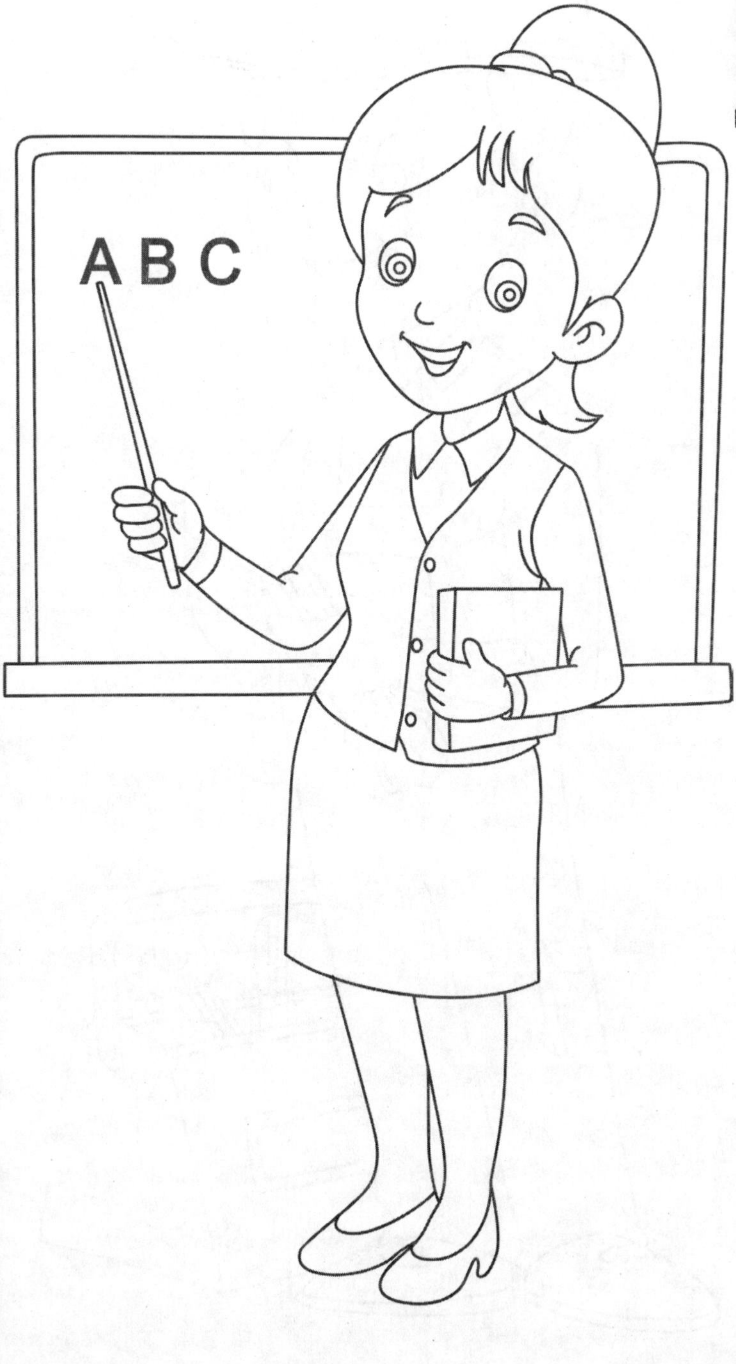
A B C

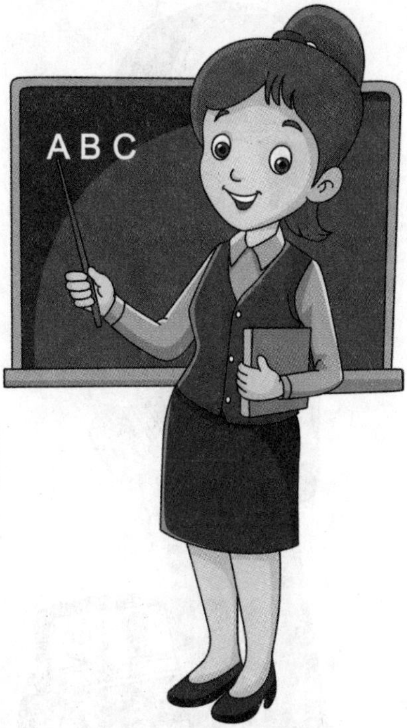
A B C

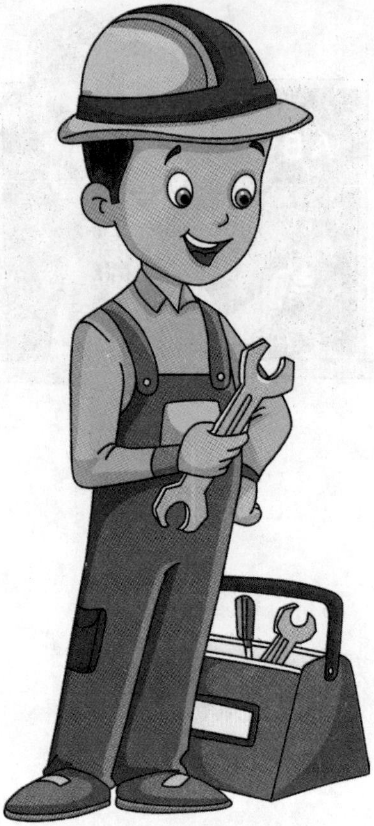
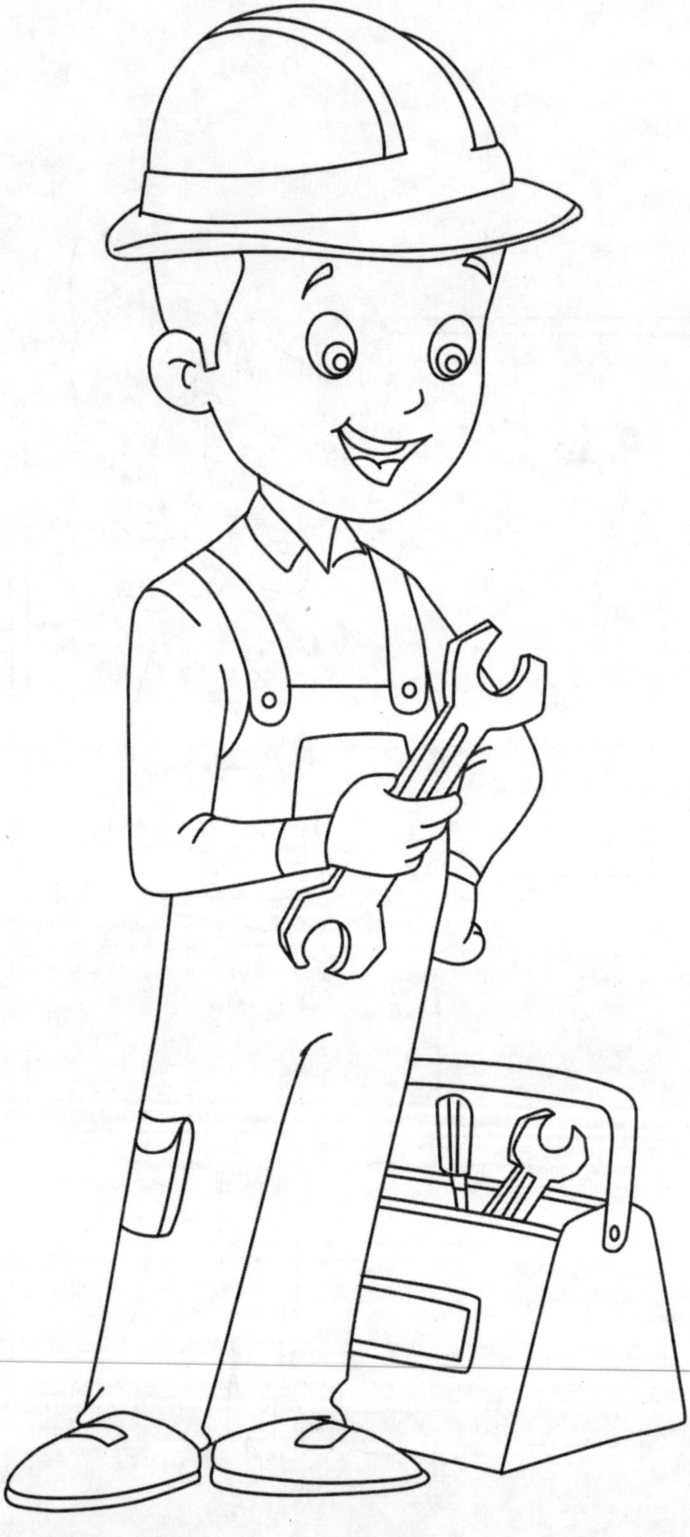